森拓郎

腹筋運動では お腹は 凹みません

呼吸と姿勢だけでみるみる凹む最強メソッド

アスコム

わたしは腹筋をしないで、呼吸と立ち方で体形を維持する！

わたしはトレーニングはもちろんですが、足元から顔までの矯正を含めたからだの調整を行うことも仕事にしています。とくに専門分野は骨格ですから、そのためには骨盤、背骨、脚を正しいポジションに保つことが、もっとも大切だということを伝えてきました。結果として、へこんだお腹まわり、バランスのよいからだといった美ボディをつくることができます。

美ボディのキーワードは「立つ＆呼吸」。ただしやみくもに立って呼吸をするのではなく、まずは姿勢を改善することからスタートしてください。そのためには正しい立ち方、筋肉にとって効率のよい呼吸法をマスターする必要があります。

またお腹をへこませたいと思ったとき、ひたすら腹筋運動をしていません

か。腹筋運動は「肩が凝ったからマッサージでほぐす」、「脚を細くしたいからエステに行く」などと同じで、より深いところにある原因へのアプローチにはなりません。

腹筋運動を「続けていくとどうなるのか」「本当に効果があるのか」がこの本の主題です。腹筋運動をしなくてももっと簡単に結果が得られるということを知れば、無理をせずに続けられるはずです。その先には、お腹がへこんだ美しいスタイルが待っています！

腹筋は効率の悪い運動。だからわたしは腹筋をすすめない……

ランニングやウォーキングなどの有酸素運動、サッカーや野球といったスポーツなど、健康やダイエット、美容のために運動を定期的に行っているという人も多いことでしょう。そんななかで必ずといっていいほど出てくる運動が、「腹筋運動」。お腹がたるんでいるのは腹筋が弱いからだとか、腹筋運動をすればお腹がへこむと信じている人はとても多く、ダイエットの一環として毎日かかさず腹筋運動をしている人もいるはずです。

たしかにダイエットやエクササイズの本を見ても必ず出てくる運動ですし、フィットネス業界では、腹筋神話が当然のように浸透しています。ダイエットでお腹を気にする人は、いまだにこぞって腹筋運動を延々と行っているのです。

腹筋運動といえば「仰向けに寝転がって上体を起き上がらせる」という動きがポピュラーなスタイル。しかしこの運動は、腹筋でも一番表層にある腹直筋という筋肉を鍛えるのにはとても有効なトレーニングではありますが、キツさの割に、お腹をへこませるという目的に対しては有効な手段ではありません。腹直筋を鍛えて強くするという効果と、お腹をへこませるという目的は、残念ながら直結していないので、いくら腹筋運動に励んだところでお腹はへこまないのです。

運動指導者という立場で整体・ピラティス・美容矯正など、さまざまな角度からからだをみていても、腹筋運動で腹直筋だけを鍛えるということは、お腹をへこませるという目的からは遠いと容易に理解できます。また、この考えはわたしだけが言っているのではなく、多くのクライアントを理想のからだに導いているトップレベルの同業者たちも、一般的な腹筋運動を指導していないという人がほとんどなのです。

そう、もはや腹筋運動を指導することは一般的ではありません。腹筋運動など、一度もしなくてもしっかりお腹をへこませることは可能なのです。

腹筋運動ではお腹は凹みません　目次

4 めざすは美バランスボディ

森メソッドのルール

- ご自分の体調に合わせて行ってください。
- 本書に登場するデータは、『お腹を凹ませたい？　だったら腹筋運動なんかやめちまえ！』『運動指導者が断言！　ダイエットは運動1割・食事9割』（共に森拓郎著）を参考にしています。

1

運動だけで
やせるのは非効率的!

エクササイズやフィットネスの
基本運動という位置づけだった腹筋運動。
ところがいくら腹筋を鍛えても、
お腹をへこませるのには非効率的。
期待する効果は得られません。
まずは今までの認識をチェンジするところからスタート!

運動だけでお腹を凹ませるなんて、時間のムダ！

ダイエットで結果を出している人のほとんどが、食事の改善も同時に行っているか、少なくとも以前より食事に気をつけたという人です。腹筋運動を主軸に頑張っている人で、目立った結果は期待できません。わたしはむしろ、そういう人には腹筋運動をやめさせ、結果ウェストをより細くすることにも成功しています。

ちなみにわたしは、人生で一度もお腹が出たことはありませんが、一般的な腹筋運動を行うこともまずありません。というのも、腹筋運動という運動の非効率的な動作にはずっと疑問を抱いていましたし、あえてする必要性を感じませんでした。そして、お腹をへこませるという目的においては一層必要がないと感じていました。

腹筋を鍛えればお腹についてしまった脂肪がなくなり、お腹がへこんでいくと

みなさんは想像しているのではないでしょうか。残念ながらそれは間違い。これは、からだのすべての部位にいえることですが、気になるところを鍛えることによって、全身の脂肪が都合よくキレイになくなることなどないのです。

お腹をへこませる＝ウェストを細くするということが大きな目的で、ついてしまった脂肪を燃焼させることを絶対に忘れてはいけません。お腹をへこませるためには、腹筋運動よりももっと効率的に効果を出す方法があり、それを知っているかいないかで大きく結果が変わってしまうのです。

腹筋は誰にでもあり、それが上手く使えていないだけ。適切な動きのもとでうまく働きはじめれば、お腹は必ずへこみます！

腹筋があっても腹が出ることもある

どうして腹筋があっても、お腹が出るのでしょうか。一番の原因は、肥満ということになります。

体脂肪率でもっとも健康に過ごせる正常範囲は、男性10～20%、女性20～30%くらいです。さらに美容上の理想体脂肪率は男性10%以下、女性20%以下くらいになります。

だいたい、正常範囲の真ん中を超えるあたりから「お腹が気になる」人が増えてくるのが、トレーニング現場の実感です。正常範囲を超えた人のほとんどは、内臓脂肪が多いという問題を同時に抱えています。

いまや一般的になったメタボリック・シンドローム（代謝症候群）という状態。日本肥満学会（JASSO）によれば、腹囲男性85cm以上、女性90cm以上というものがメタボリック・シンドロームの基準値となります。そこに高血圧・高血糖・高脂肪症の中から、2項目の症状をあわせもった場合を指すとされています。これらの原因の多くは、食べ過ぎ、飲み過ぎ、運動不足などの不摂生な生活習慣にあるのです。

肥満には大きく分けてリンゴ型肥満といわれる内臓脂肪型肥満と、洋ナシ型肥満といわれる皮下脂肪型肥満があります。リンゴ型が男性に多いのに対して、洋ナシ型はほとんどが女性というのが特徴です。このリンゴ型はもちろんですが、洋ナシ型であっても、標準以上の体脂肪率であれば間違いなく内臓脂肪の過多がみられます。

顔や腕、脚につくのは皮下脂肪だけなのに対し、お腹にだけは皮下脂肪＋内臓脂肪と二重に脂肪がつくようになっています。その内臓脂肪は、皮下脂肪よりずっと短期で蓄えられるのが特徴だからです。

つまり内臓脂肪が多いとお腹が出てしまうということですね。

スポーツマンに多い、筋肉系凸腹

中年以上の男性に多い丸い胴体で手足は細い体形が、リンゴ型肥満。原因は酒や炭水化物の摂り過ぎ、運動不足などで、内臓脂肪が蓄積されて肥満化します。

こんなにつまめるお肉があるのに内臓脂肪なの？　といわれますが、それは体脂肪率が高い人は内臓脂肪がついたその上に皮下脂肪がついているためで、よりお腹が気になってしまう事態になるのです。内臓脂肪が減れば、ウェストサイズが縮まるのは間違いありませんし、つまめる皮下脂肪も一緒に落ちてくれます。

内臓脂肪がある状態で腹筋がつくと、とてもお腹が分厚くなります。内臓脂肪＋腹筋＋皮下脂肪で引き締まっているけれど、けっして細くないお腹です。普通の肥満の人よりブヨブヨしていないのに、引き締まってもいないどっしりとしたお腹。格闘技のヘビー級以上の選手や野球選手のピッチャーなどに多くみられます。

プロレスラータイプ

強靭な腹筋でお腹がうっすら割れているのに、内臓脂肪が多い

プロレスラーやK1などのヘビー級選手の筋骨隆々、マッチョなタイプ。強固な腹筋をもっていますが、内臓脂肪＋腹筋＋皮下脂肪でウェストはけっして細くありません。腹筋があってもお腹がへこむわけではないという代表的な例です。男性のなかには、こういった体型に憧れる人もいるはずです。しかしこういった体型は脂肪でさえも鎧にしているからともいえ、かなりハードなトレーニングのもとにつくられたものです。ほかに野球選手のピッチャーなどにも多くみられます。

力士タイプ

内臓脂肪も皮下脂肪も多いが、筋肉量もかなり多い

国技である相撲の力士は、太っていなければなれない職業ではありますが、一般的にみると肥満と思われがちです。しかし力士たちの威風堂々たる姿はかっこよくもあり、単なる肥満ではないことがわかります。日々の鍛錬から生まれたからだの全身の筋肉量は、一般の人に比べてかなり多くなります。

また、腹筋もかなり強靭ですが、内臓脂肪も皮下脂肪も通常よりもかなり過多な上に腹筋がつくため、あのような、どんと突き出たお腹になるのです。

下腹部だけぽっこりタイプ

インナーマッスルが機能せず、内臓の位置が下がり気味

女性に多い、全身はやせているのにお腹だけが出ていて、筋肉量も全体的に少ないタイプ。体脂肪率が20%を切っているのにお腹だけが出ているならば、まず考えられるのは内臓下垂です。内臓を支えるインナーマッスルの機能低下により、胃や腸などの内臓が本来ある場所よりも下がり、お腹の下部がぽっこり。食事制限でお腹がへこむことはなく、逆に食事を節制しすぎると、さらに筋肉量が減って、より下腹部が目立ち、キューピーちゃんのような体型になってしまいます。

hara 凹 diet

column ★ 1

姿勢や呼吸に最も重要な骨格と名称

お腹をへこますための姿勢や呼吸で、重要な箇所となる骨格を表示しました。部位を意識するだけでも効果が期待できます。

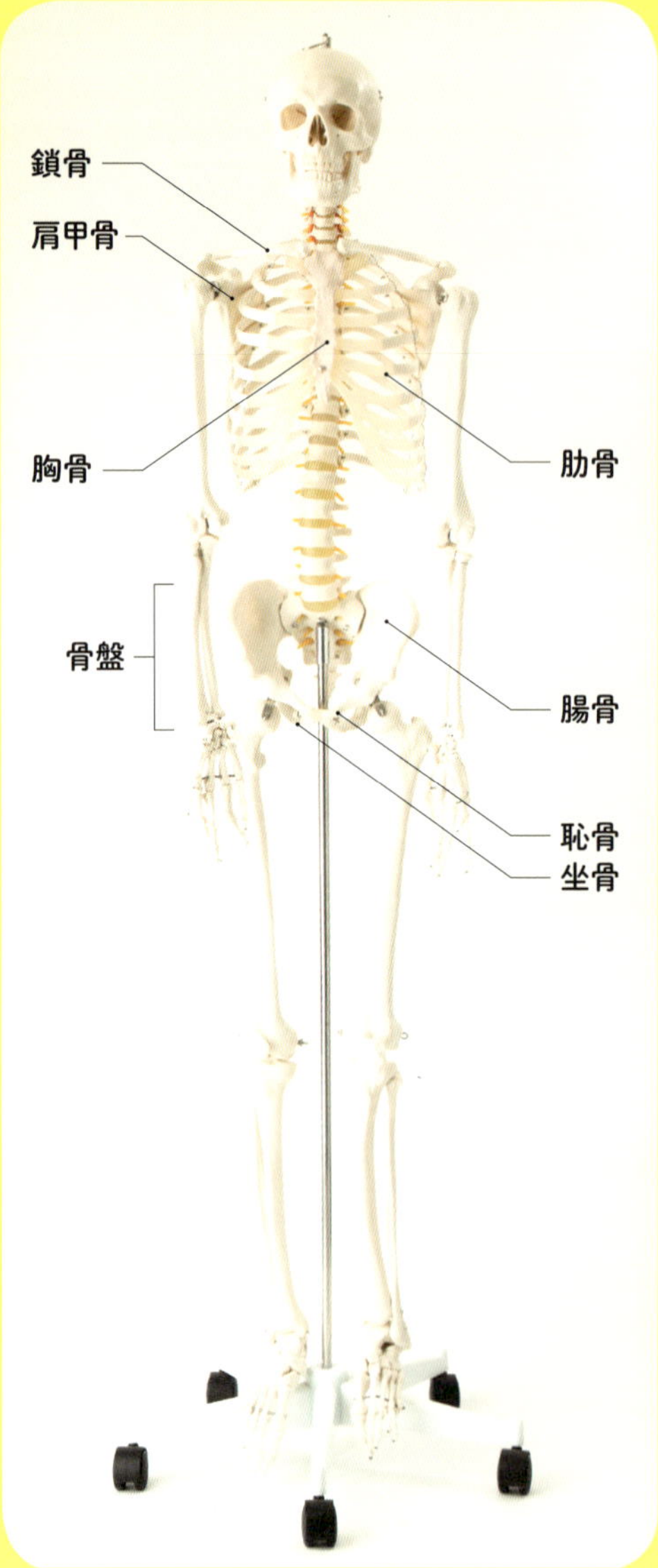

2

腹を凹ますなら森メソッドだ！

腹筋運動が、お腹をへこます上で
ムダな運動であることがわかったところで
次は森メソッドがどういうものなのかご説明します。
「これだけで OK なの？」とびっくりするほど、
簡単で手軽なメソッドです。

森メソッドは４つのステップを行うだけ

森メソッドの４つのステップを行うだけで、必ずお腹がへこんで体型自体が美しくなります。４つとは、正しい姿勢で立つこと、腹式、胸式、背中の３呼吸を行うというもので、からだの深層部を鍛える重要なカギとなります。

背骨の前後には、インナーマッスルが背骨を支えるようについています。その上にある内臓のまわりにもインナーマッスルがあり、さらに上に３枚のアウターマッスルが覆いかぶさり、皮下脂肪、皮膚という順に層になっています。インナーマッスルは、背骨や骨盤のような骨を正しいポジションで保持しているときに働き、腹筋や背筋、脚の筋肉のように使っている感覚をあまり感じません。逆に何も感じていないときこそ、インナーマッスルが働いていると思ってよいでしょう。

内臓を支えるお腹のインナーマッスルを働かせるのにまず必要なのは、正しい姿勢。骨盤や背骨、からだ全体の重心の位置が悪いと、インナーマッスルが働きづらく機能してくれません。猫背や反り腰もインナーマッスルの作用が弱り、ぽっこりお腹をつくる原因になってしまいます。

インナーマッスルを鍛えるのは呼吸。からだの深層部に効果的な呼吸法を習得すれば、内臓が正しい位置に保たれて運動しなくてもお腹はへこむはずです。

森メソッド 4ステップ

1 まっすぐ立つ
2 腹式呼吸
3 胸式呼吸
4 背中呼吸

運動よりも、まずはまっすぐ立つこと

この世に重力が存在する限り、からだのどこかに力が入って負担がかかってきます。そんななかで理想的な姿勢といわれるのが、頭と肋骨と骨盤を団子と考え、この3つの団子を背骨という串がつらぬいている状態です。団子が前後にずれると、背骨に負担がかかってきて、スタイルを崩す大きな原因となります。

しかし正しい姿勢というものはなかなかつらく、慣れていないと緊張して肩凝りや腰痛を招くかもしれません。物理的に楽であるはずの姿勢を、身体的にも楽に感じられるかが問題で、いい姿勢をつくることだけでなく、楽に姿勢を維持する努力も必要です。それには自分の体重をどこにのせたらよいのか、正しいポジションで立つとはどういうことかを知りましょう。その上で深い呼吸ができるかどうか。これができるようになって、しっかり力を抜いて立てるようになってか

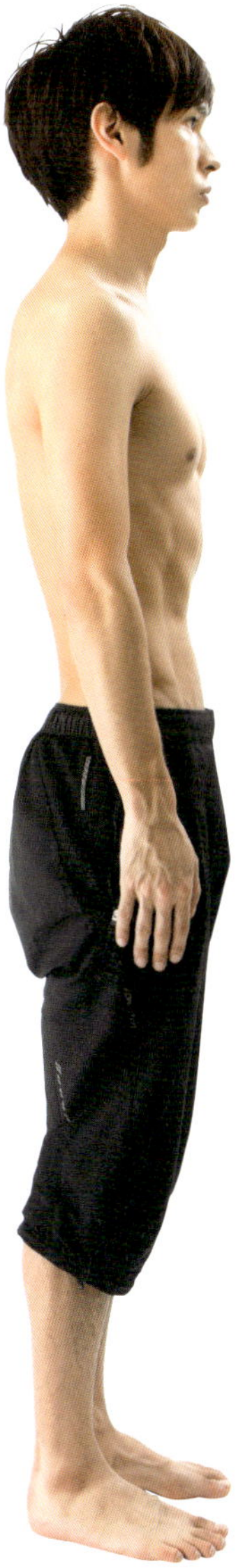

ら、いろいろな運動を始めても遅くはありません。むしろ、これだけで悩みが解決されてしまうケースも多いかもしれません。

骨盤の正しいポジションや体重ののせ方がわかれば、ももに無理な力を入れなくなり、ももの筋肉への負担が激減。これが原因でももが張って太くなっている人は正すだけで細くなったり、膝が痛い場合は痛みが緩和されることもあります。

腰痛も、脚の力みがなくなれば、腰の負担は単純に減り、痛みも改善されやすくなります。この順番で下半身が安定すれば、肩まわりの緊張も減り、肩凝りや首凝りから解放されていきます。つまり筋肉を解放したり鍛えたりする以前に、からだを正しいポジションにもっていくということが重要。正しいポジションで立つことで、お腹がへこむばかりか、脚が細くなることも期待できます。

さらに呼吸法で自然に腹は凹む

呼吸のエクササイズでは、劇的にウェストをサイズダウンすることができます。ムダな腹筋運動を何百回やっても変化が出なかったのに、瞬時に効果が出てしまうことだってあるのです。

呼吸は肺自体がふくらんだりしぼんだりしているのではなく、手を動かしたり、目を動かしたりするのと同じように、筋肉が、肺に空気が入るように操っています。これを呼吸筋群《こきゅうきんぐん》と呼びます。呼吸筋はひとつだけでなくたくさんあって、肺を囲っている肋骨まわりについている肋間筋、首から肋骨を引き上げる斜角筋、肋骨の下にある横隔膜、お腹のウェストまわりにベルト状についている腹横筋《ふくおうきん》などが代表的です。

この呼吸筋群が肺のまわりの空間を広げてくれることで、肺に空気が入り、逆に空間を縮めれば、空気が排出されるという仕組みになっています。これが日ごろ無意識に行っている呼吸というわけです。

　わたしはよく「体幹の上の部屋を広くして、下の部屋を狭くしましょう」という表現をします。これは胸腔といわれる肋骨のまわりの空間は、しばしば狭くなりがちだということです。

　たとえば背中を丸めて呼吸をしたときと、背すじを伸ばして呼吸をしたときを比べると、前者は胸の空間が広がりにくいので呼吸がしにくいと思います。このような状態では呼吸が浅くなり、どんどんインナーマッスルの作用が落ちて、内臓が下に落ちやすくなってきます。こうなると、落ちてきた内臓に押されてお腹がぽっこりと出てしまうのです。

　つまり正しく呼吸を行えれば、正しい姿勢の保持へとつながり、さらにインナーマッスルの機能が向上します。呼吸法をしっかり身につければ、つらい運動をしなくてもお腹はへこむというわけです。

呼吸の基本は足の位置と開き方

正しく立つとき、最初に気をつけたいのが足の位置。まず中心になる骨盤の正しいポジションをつくり、足の裏全体で体重を感じるかを確認します。このふたつを同時にできているかが重要。拇指球、小指球、踵にバランスよく体重がのっている状態で、足の重心はくるぶしの少し前にあるのがベストです。

足は体幹の土台ですから、骨盤が正しいポジションになければ支える脚には余計な力が入りやすくなります。逆に、足の位置が正しくないと骨盤も正しい位置にポジションがとりづらいというわけです。

実はこの正しい立ち方にお腹をへこませる呼吸法を合わせれば、立ちながらにしてお腹をへこませることも可能になります。この状態であれば、脚や腰も疲れませんし、美脚効果も期待できます。

足の位置と開き方

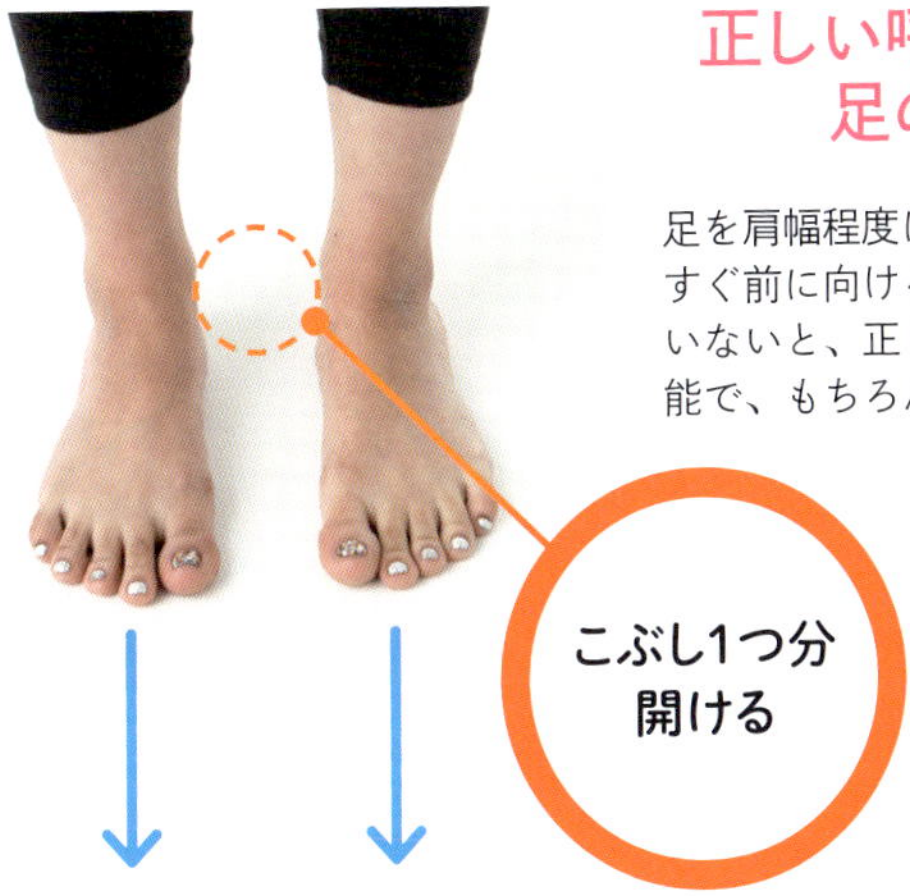
こぶし1つ分
開ける

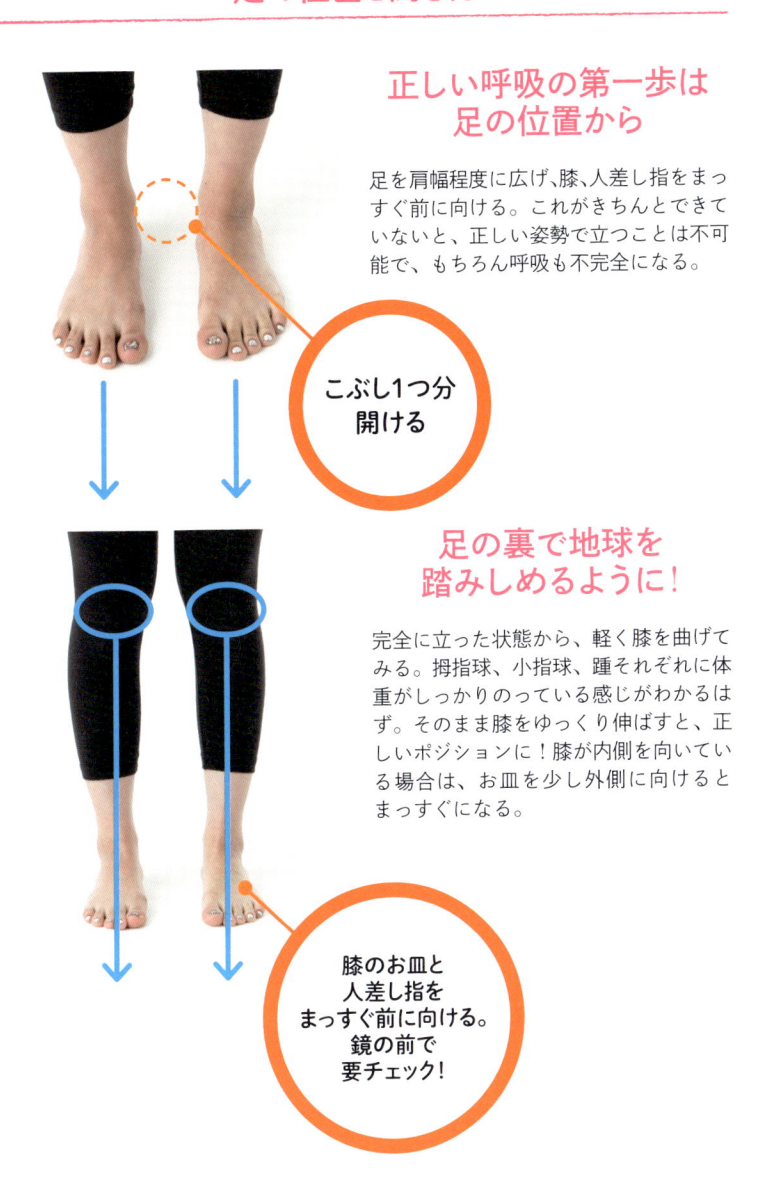

正しい呼吸の第一歩は足の位置から

足を肩幅程度に広げ、膝、人差し指をまっすぐ前に向ける。これがきちんとできていないと、正しい姿勢で立つことは不可能で、もちろん呼吸も不完全になる。

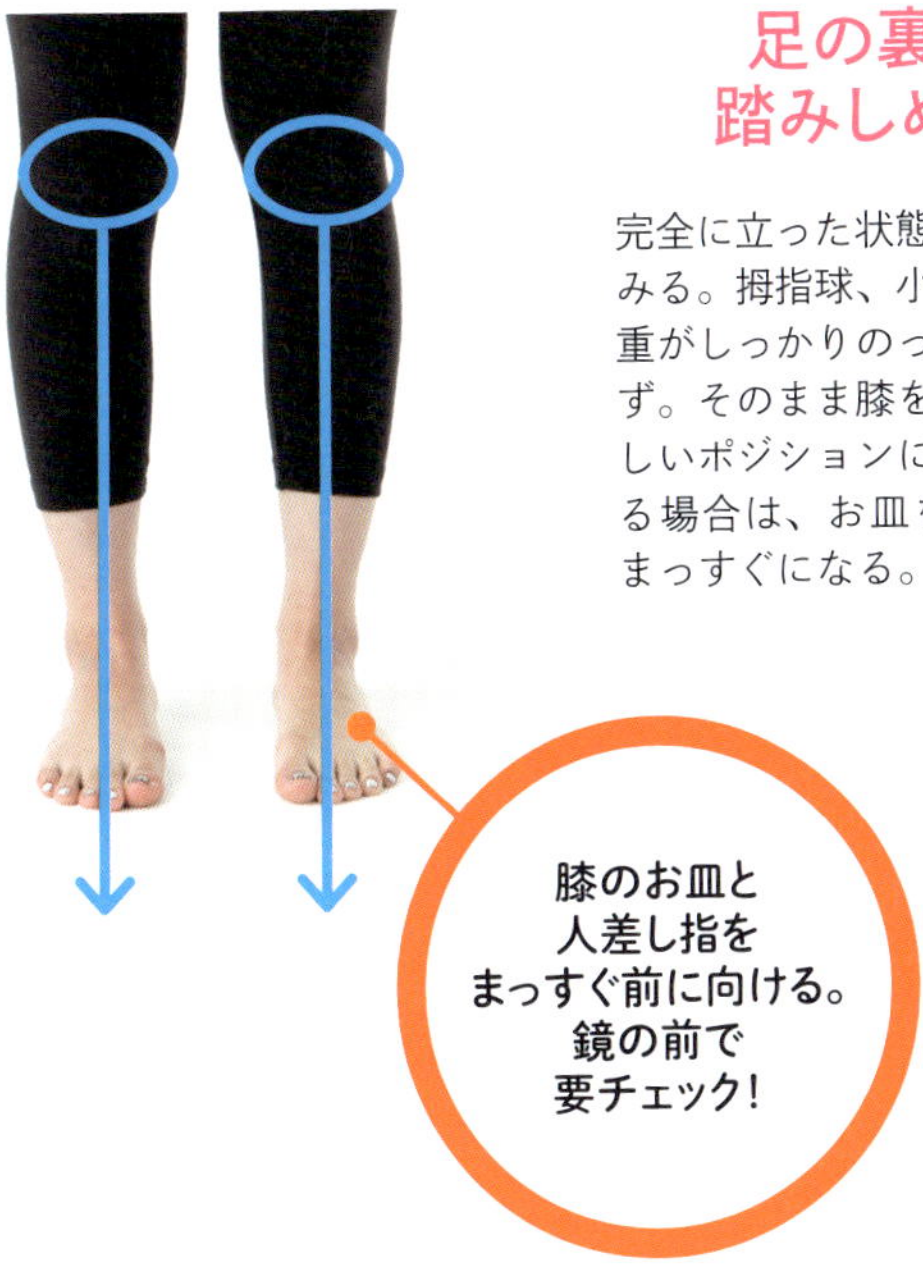
膝のお皿と
人差し指を
まっすぐ前に向ける。
鏡の前で
要チェック！

足の裏で地球を踏みしめるように！

完全に立った状態から、軽く膝を曲げてみる。拇指球、小指球、踵それぞれに体重がしっかりのっている感じがわかるはず。そのまま膝をゆっくり伸ばすと、正しいポジションに！膝が内側を向いている場合は、お皿を少し外側に向けるとまっすぐになる。

hara 凹 diet

column ★ 2

こんな立ち方は×

インナーマッスルを鍛えるためには、まず正しく立つこと。ご紹介するのは、街中でもよく見かける3タイプです。

腹出し

やせていて内臓下垂の人に多い立ち方。重心をつま先にかけている。

胸&腰反り

一見正しい「気をつけ！」の姿勢。膝を伸ばすための主動の筋肉の前ももに異常に力を入れてしまっている状態で、行きすぎた姿勢といえる。この状態を続けていると、力んだたくましい太ももに。

骨盤スライド

骨盤の左右バランス、位置がずれていると、内臓が正しい位置にないのでお腹が出ることに。無理な姿勢から腰痛などを引き起こすこともある。

3

実践！　森メソッド!!
これさえやれば
腹は絶対凹む

ゆったり気分で続けているうちに、
いつの間にかお腹が凹んでいる！
そんな夢のような森メソッドの実践編！
場所も時間も関係ないので、
気軽に毎日続けることができます !!

森メソッドは たったの４ステップ！ 立つ＆３呼吸だけの簡単さ!!

では実践に移りましょう。と言ってもやることは「正しい立ち方」と「呼吸法」の４つのステップを行うだけ。本当にびっくりするほど簡単なメソッドなので、わたしが実際に指導する場合、大抵の人は１～２回でできるようになります。

呼吸方法は鼻から吸って口で吐くという日ごろの方法と変わりませんが、３種類の呼吸を行うことで、それぞれの部分にあるインナーマッスルをしっかりと鍛えるようにします。呼吸は「腹式呼吸」「胸式呼吸」「背中呼吸」。楽ちんでおそらくインナーマッスルを鍛えているという実感がないため、「本当に効き目があるの？」と疑問を持つかもしれません。でも、きちんとした深い呼吸をすればインナーマッスルに作用して、内臓の位置が正常にキープできるので、お腹がへこむばかりか、憧れのくびれまで出てくるはずです。

多くの人は腹式と胸式の中間位置あたりで浅い呼吸をしている場合が多く、胸式と腹式、背中と分けた呼吸は、最初は違和感があるかもしれません。でもマスターしてしまえば、腰痛や肩凝りの緩和なども期待できるのです。

インナーマッスルに効くように呼吸をするには、正しく立っていることが大切。からだが完全に開いた状態でないと、呼吸法をマスターしても体内にしっかりと息が入っていかないからです。きちんと呼吸をするとインナーマッスルが鍛えられ、無理のない立ち姿につながります。

森メソッド 4ステップ

1 まっすぐ立つ
2 腹式呼吸
3 胸式呼吸
4 背中呼吸

森メソッド

STEP 1

まっすぐ立つ

骨盤のポジション＋足裏の重心の同時キープがポイント

正しい立ち方である「まっすぐ立ち」は、インナーマッスルを鍛える場合、いわゆる膝を伸ばした「気をつけ！」の姿勢とは違います。

ここでいう「まっすぐ立ち」についてご説明します。

まず中心にしたい骨盤のポジションをつくり、足の裏全体で体重を感じるように立ちます。この2つが同時にできているかどうかがポイントです。

足の重心は、前にも書いたように拇指球、小指球、踵それぞれに体重がしっかりのっている状態にしたいのですが、なかなか難しい。これを簡単に行うには、子どものころを思い出して「膝カックン」をされたときのように軽く膝を曲げてみましょう。きっと膝を伸ばしきった状態に比べて、足の裏全体に体重がのっていることがわかるはずです。

そこから膝をゆっくり伸ばして伸ばしきると、足の裏の感覚が薄れていく感じになると思います。これは足と体幹が離れてしまって、ふらついてしまっている状態。もう一度膝を軽く曲げ、おへそを正面に見せるようにして、骨盤の底辺である座骨が真下を向くようにしてみましょう。

この状態が骨盤のだいたい正しいポジション。この状態を維持し、足の裏全体が地面についている状態も保ったままで膝をゆっくり伸ばしていきましょう。骨盤の位置が動いたり、足の感覚が薄れてしまう直前のところが、あなたの正しいポジションです。

膝がすごく曲がっている、猫背になったと感じるかもしれませんが、鏡に映してみると、意外にもからだは「まっすぐ立ち」しているはずです。また、足の裏を感じて、骨盤がまっすぐであれば、足、膝、骨盤、頭までしっかりとまっすぐにのっかっているはず。この状態であれば、脚も腰も疲れにくくなります。詳しくは次のページを見てください。

森メソッド

STEP 1

まっすぐ立つ

骨盤と膝を確認する

まずは骨盤のベストポジションを知ることからスタート

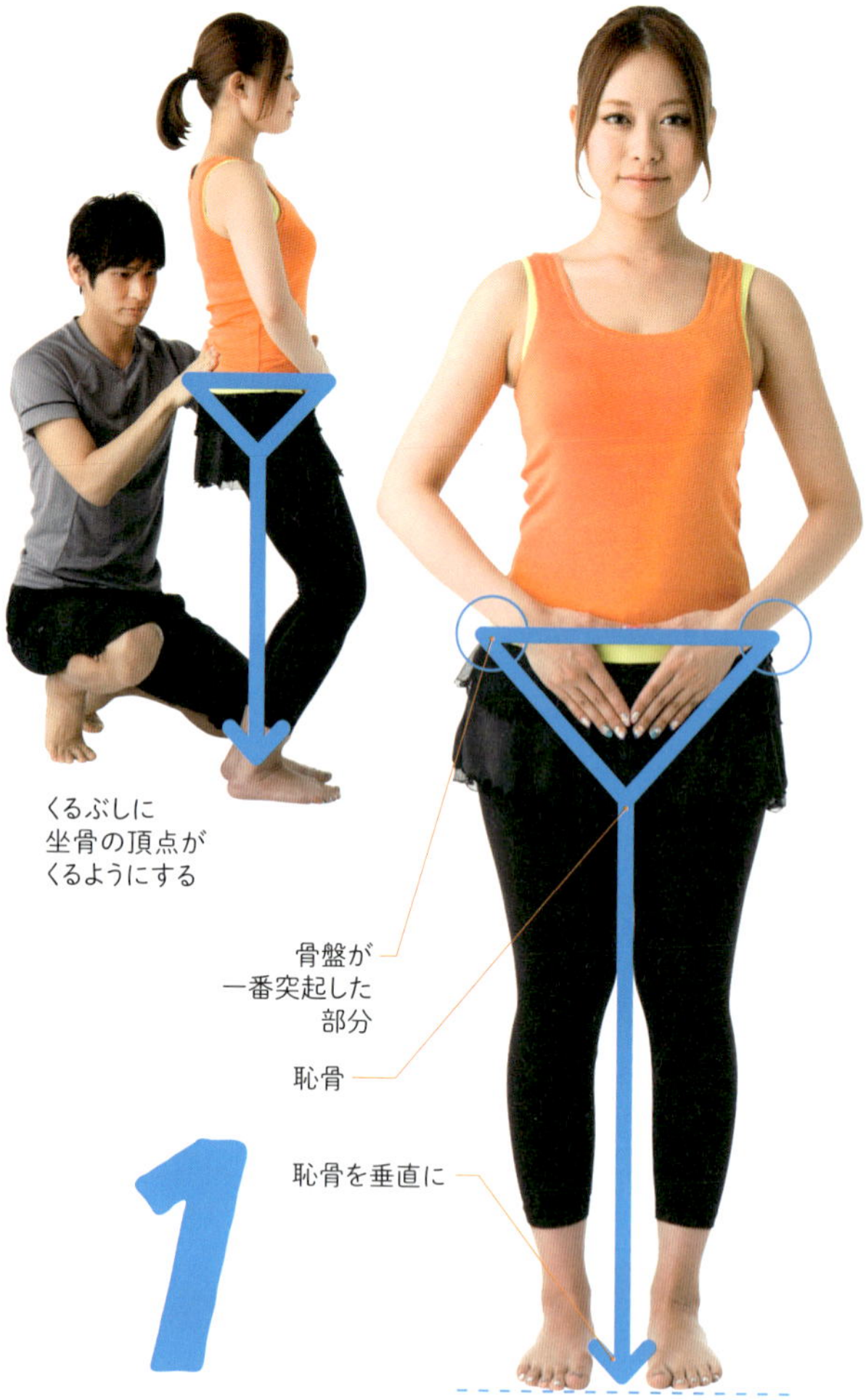

1 骨盤を押さえる

こぶし１つか指３本分程度幅をとって脚を広げ、
拇指球、小指球、踵それぞれに体重が
しっかりのっている状態で足の指、
おへそを正面に向ける。手の指先で恥骨、
手の平で骨盤が一番突起した部分を押さえ、
坐骨が下を向くようにする。
これがニュートラルポジション！

2 膝を曲げる

息を吸いながら、
膝をつけて、
ゆっくりと曲げる

3 膝をゆるくのばす

息を吐きながら、膝を伸ばしおしりを締め、
おしりが上がったときに足の裏の感覚を
感じなくなる直前で動きを止める。
２～３を何度かくり返すと、
ベストポジションがわかる

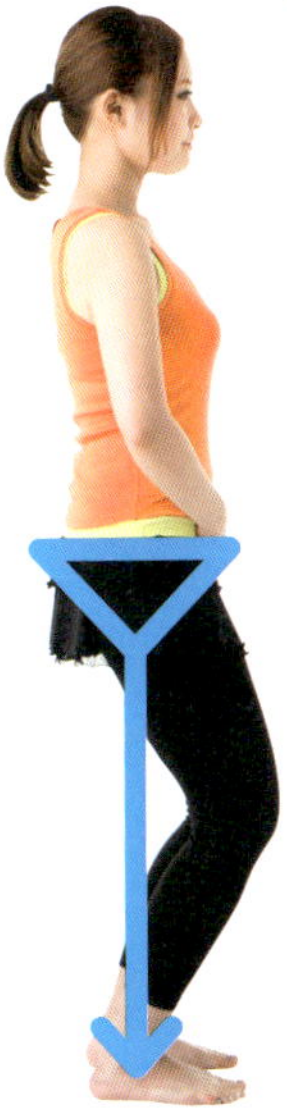

くるぶしに坐骨の頂点が
くるようにする

膝のお皿と人差し指を
まっすぐ前に向ける

森メソッド
STEP 1
まっすぐ立つ

ベストな立ち方

「まっすぐ立ち」ができるようになると、インナーマッスルに作用して体幹が安定。脚や腰に負担がかかりにくくなり、お腹がへこみやすくなります。

正面

足裏に体重を感じながら、
骨盤も正しい位置をキープ。
足先から頭までまっすぐ！

側面

横から見ても、
余分な力が入らない状態で
からだが自然にまっすぐ！

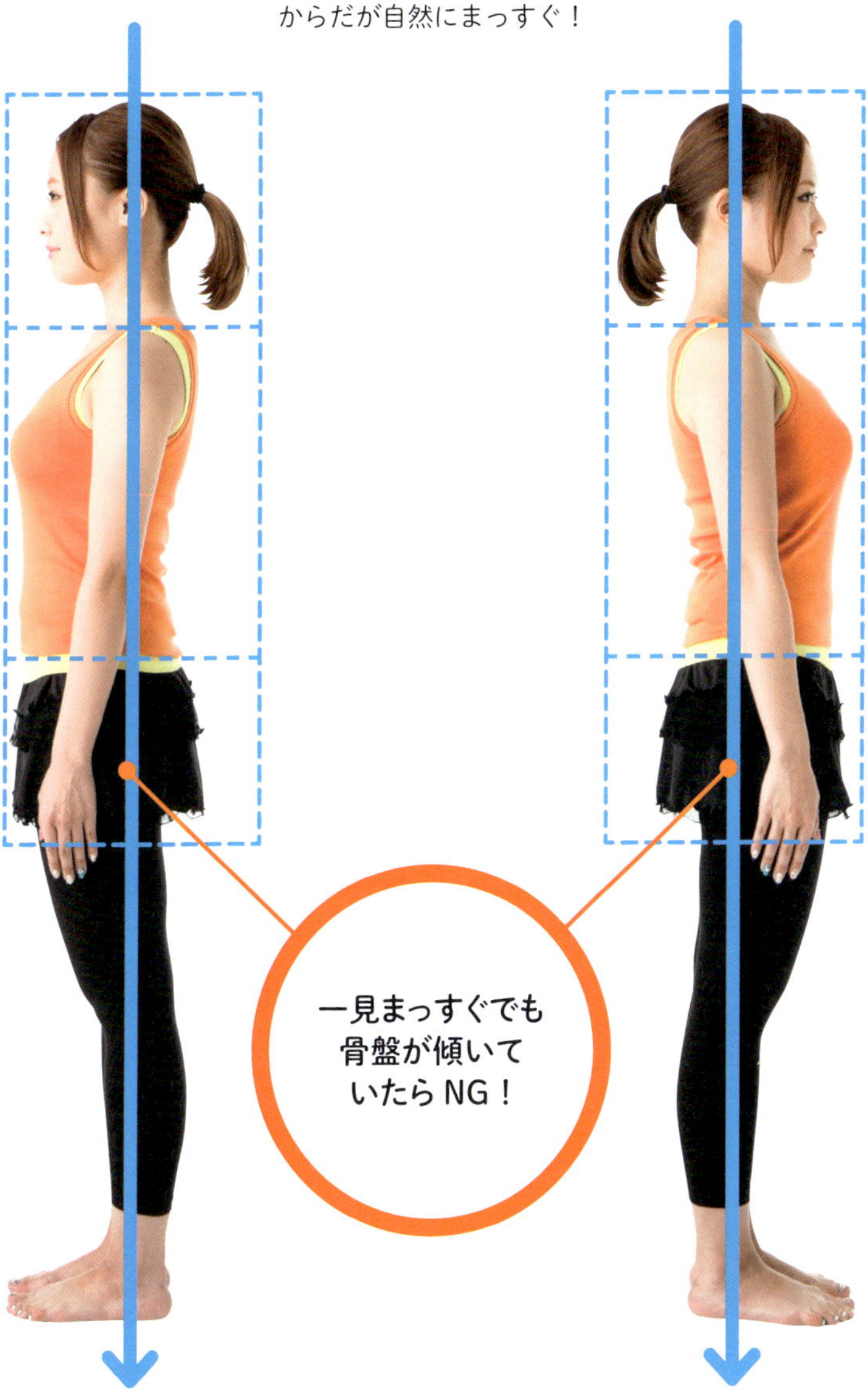

森メソッド

STEP 2

腹式呼吸

お腹がふくらむのを感じて、強くへこませる呼吸を5〜10回

腹式呼吸というと、お腹に息を入れていると勘違いしている人が多いようです。しかし実際は、息を吸うときに肋骨の下にある横隔膜が大きく下がることで、その下の内臓が押し出されてお腹が出るため、そのように見えるのです。

腹式呼吸では、息を吸うときに横隔膜、吐くときはウェストのまわりについているインナーマッスルの腹横筋などを使うため、ウェストを引き締めるのにも最適です。

人間は睡眠中のようにリラックスしている状態では無意識に腹式呼吸になっています。最もポピュラーな呼吸なので必ずマスターしましょう。

1 みぞおちの下に手をおく

みぞおちの下、
だいたい胃のあたりに手をおく

骨盤位置は
動かさない
まっすぐ立ちを
キープ！

息を吸うときは
ゆっくり深く

2

鼻で息を吸う

手の平でおへその下に触れ、
鼻から息を吸う。
そのとき、お腹をふくらませる

3

口で吐く

吐くときには、お腹に圧を
かけるようにへこませる。慣れてきたら、
息を吐くときに、排尿を止める感覚で
おへその下あたりを締めて、
ふくらませたお腹を強くへこませる

**息を吐くときは
ゆっくりと長く!**

森メソッド

STEP 3

胸式呼吸

お腹をへこませたまま、肋骨を大きく拡げる呼吸を5〜10回

日ごろはみぞおち付近で呼吸をしているため、どの呼吸筋を使っているかなどを意識している人はまずいないでしょう。腹式呼吸が、肋骨をあまり動かさない横隔膜を中心にするのに対して、胸式呼吸は逆にお腹をへこませたまま、肋間筋や斜角筋などの肋骨まわりを動かす筋肉を中心に使います。

つまり、お腹のインナーマッスルの緊張を保ったまま呼吸ができるようになることで、ウェストが細い状態も保てるようになるのです。この呼吸を続けていると、胃下垂などで下がってしまった内臓を正しい位置に戻す効果も期待できます。仕事中や電車の中などでも、この呼吸を意識して行ってみましょう。

1 肋骨の下で腕を組む

腕をからだの前で組み、
手の平で肋骨に左右から触れる

肋骨を左右から
押さえる感じで

骨盤位置は
動かさない

まっすぐ立ちを
キープ！

最初に鼻から
息を吸って、
肋骨が拡がる
感覚を確認

2

鼻で息を吸う

鼻から息を吸い、
胸に空気を吸い込むために
ウェストを細くするように
お腹を引き上げ、
肋骨が拡がるのを感じる

口からゆっくりと
息を吐いていくと、
同時に肋骨が
閉じるのを感じる

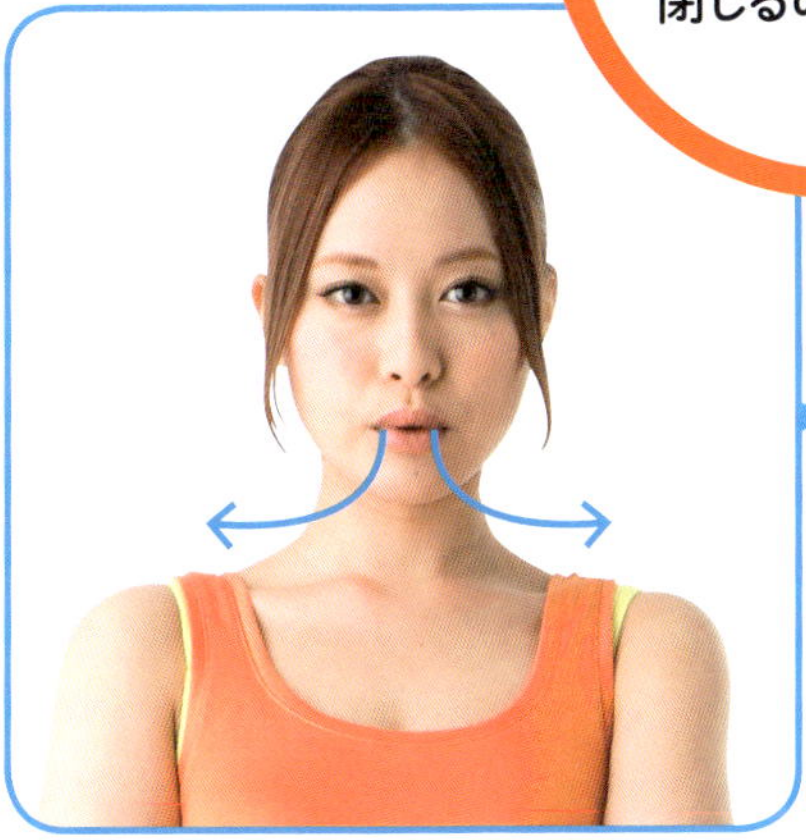

3

肋骨を
締めながら
口で吐く

胸の位置を高くして、
お腹を引き上げたまま
肋骨をぎゅっと閉じるようにし、
口からゆっくりと強く長く吐く。
背中が丸まらないように注意

森メソッド

STEP 4

背中呼吸

お腹も肋骨も閉じたまま、背中に呼吸を入れる方法を約5回

聞き慣れない呼吸かもしれませんが、これが森メソッドで最も大事な呼吸法です。お腹をへこませるためには胸式呼吸が大事ですが、肋骨を拡げすぎると体幹が安定しないのです。動きやすいみぞおち付近の肋骨を閉じたまま呼吸をすることで、普段あまり入らない背中や鎖骨周辺、脇の部分に呼吸を入れます。

背中呼吸をマスターすると、バストアップや反り腰、腰痛の改善も期待できます。お腹をへこませた状態を保つには、より安定した体幹と、それを楽に保てる姿勢が必要なのです。

呼吸で使う筋肉を上手くコントロールすることが森メソッドの極意です！

1 みぞおちのあたりを締める

肋骨の左右をしっかりと押さえ、息を鼻から吸う

骨盤位置は
動かさない
まっすぐ立ちを
キープ！

2

息を吐き切る

一度、口から息を吐き切る。
肋骨が開かないように閉じる

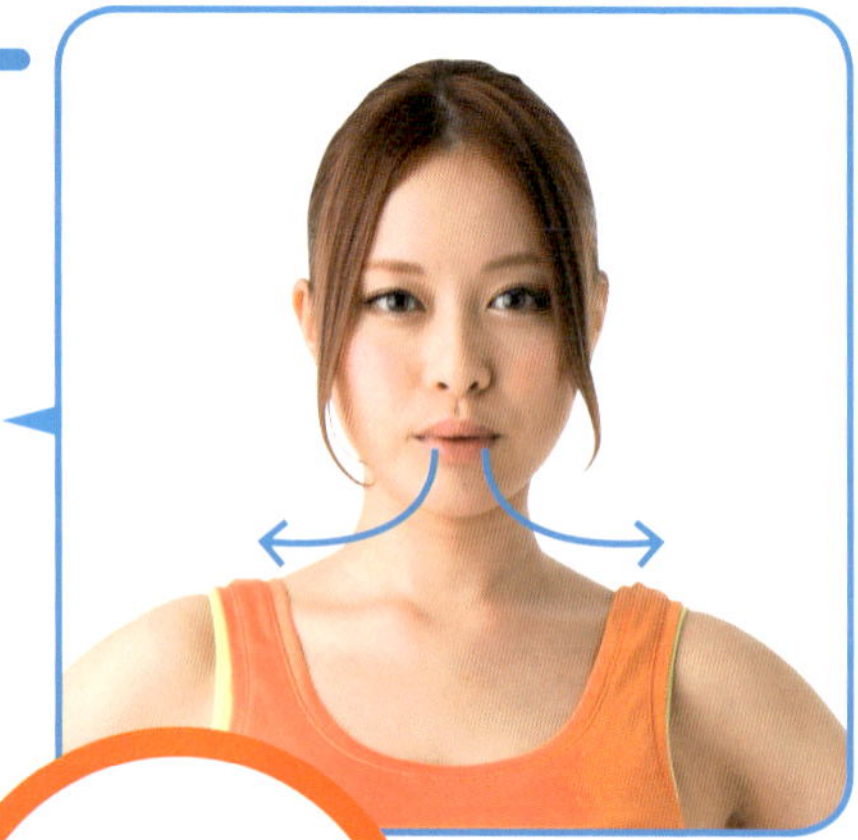

ゆっくりと
息を吐く

3

鎖骨と背中のあたりに息を入れる

ゆっくり息を吸うと
背中が上がる。
このとき鎖骨あたりに
息を入れるイメージで

鎖骨の下を
意識して呼吸
肋骨を
締めたまま
キープ
このあたりに
息を入れる
イメージで！

胸の上の部分が
ふくらむ

plus+

呼吸効果UP! ストレッチ

どんなに呼吸法を完璧にマスターしても、からだがかたい状態では息は入りにくいままです。縮こまったからだでは、呼吸をしても容量が少ないので、必要な分だけ息が入り切らないということになってしまいます。

そこでからだの呼吸をするときに使う部位を、ストレッチでほぐして開いてみましょう。体内にたっぷり息が入ると、当然呼吸も大きくなり、インナーマッスルもしっかりと動くようになります。

さらにストレッチで伸ばした状態で呼吸をすると、次に呼吸をしたときに驚くほど息が入りやすくなります。

ストレッチする部位は、伸ばして心地よいと感じるところばかりです。同時にリフレッシュ効果も得られます。

先にストレッチで
からだをほぐしておくと、
深く大きく呼吸が
できます！

あご

息を吸ったり吐いたりするときに、最も大切なのが口のまわり。
あごを動かしやすくしておくと、口も大きく開けるようになります。
ただし顎関節症の人は、ご注意ください。

1

あごを
左右に 10 回
リズミカルに動かす

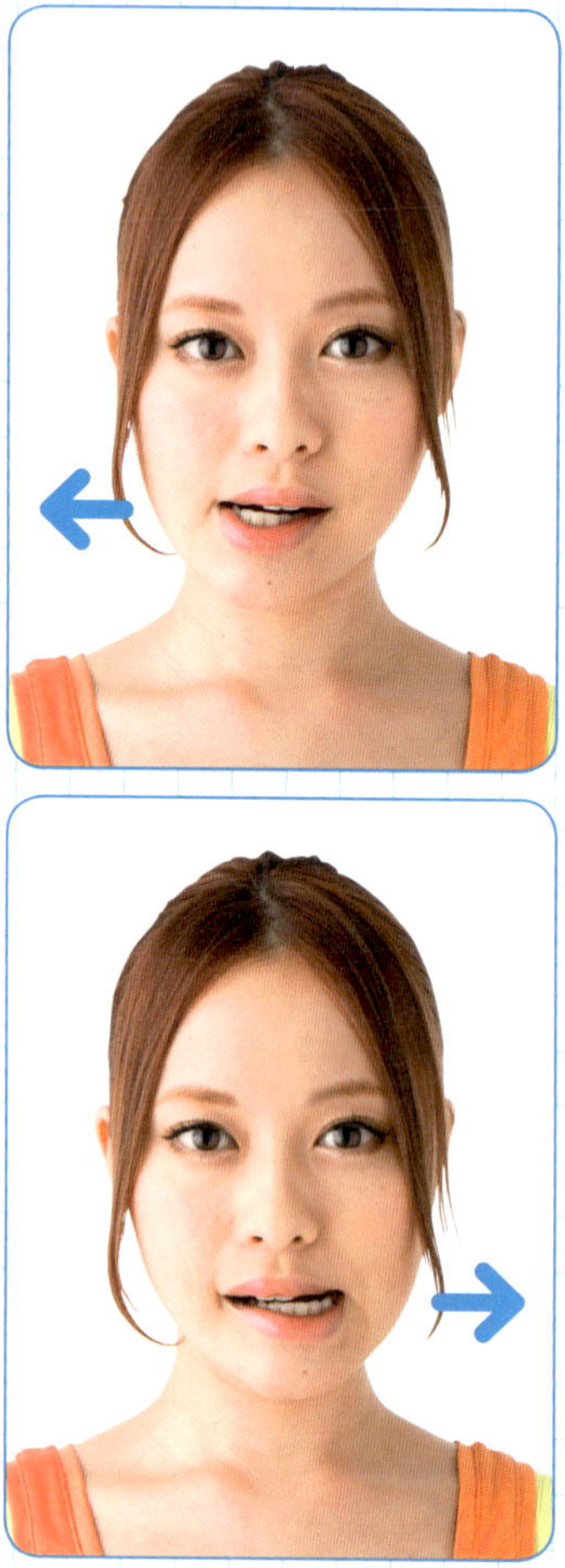

2

あごをつき出し指が
3 ～ 4 本入る程度、
口を開ける

郵便はがき

52円切手を
お貼りください

105-0002

（受取人）
東京都港区愛宕1-1-11
（株）アスコム

腹筋運動では
お腹は凹みません

読者　係

本書をお買いあげ頂き、誠にありがとうございました。お手数ですが、今後の
出版の参考のため各項目にご記入のうえ、弊社までご返送ください。

お名前	男・女	才
ご住所　〒		
Tel	E-mail	

今後、著者や新刊に関する情報、新企画へのアンケート、セミナーのご案内などを
郵送または eメールにて送付させていただいてもよろしいでしょうか？
□はい　□いいえ

返送いただいた方の中から**抽選で5名**の方に
図書カード5000円分をプレゼントさせていただきま

当選の発表はプレゼント商品の発送をもって代えさせていただきます。
※ご記入いただいた個人情報はプレゼントの発送以外に利用することはありません。
※本書へのご意見・ご感想に関しては、本書の広告などに文面を掲載させていただく場合がございます。

●本書へのご意見・ご感想をお聞かせください。

ご協力ありがとうございました。

首

骨盤から頭に通じる正位置をキープするための重要なポジションであり、呼吸の通り道としてもかかせない部位です。

首をストレッチしておくと、息が体内に入りやすくなります。

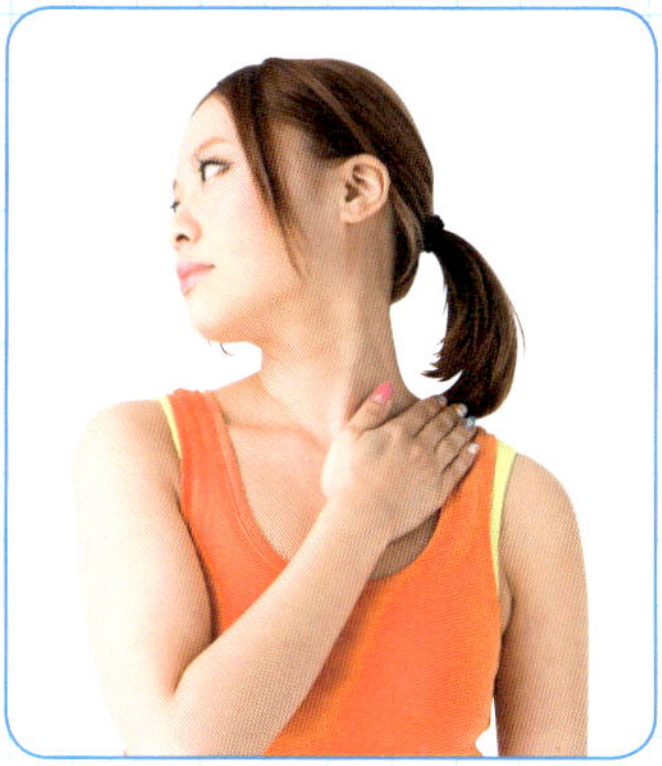

1

曲げた首と
反対側の鎖骨に
手をおいて横を向く

2

口を開ける

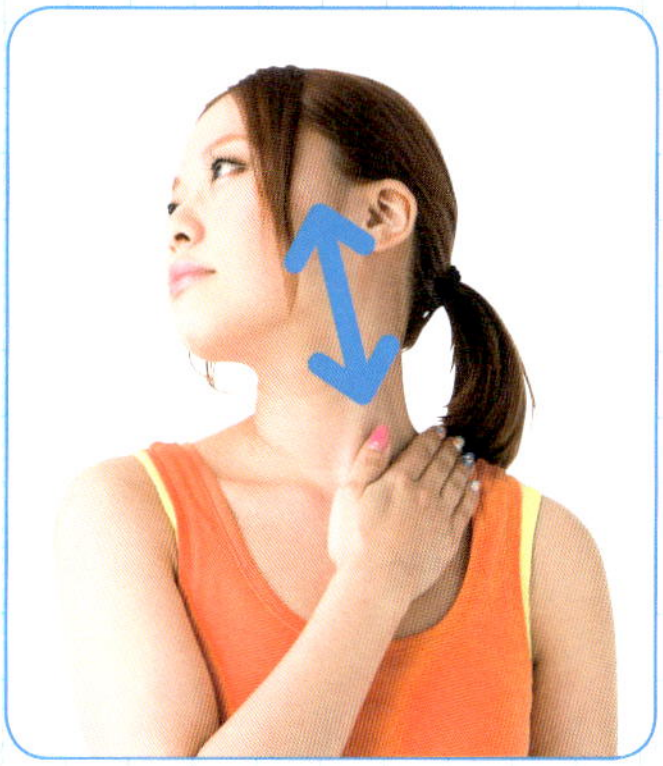

3

口を閉じる力と
鎖骨を下げる力で
伸ばす。
左右３～５回
くり返す

胸

胸式はもちろん、腹式、背中など、あらゆる呼吸の基本となる部位。
横になってじっくりとほぐしたり伸ばしたりすることで、
深く大きな呼吸がしやすくなります。

1 横になって骨盤の位置をキープしたまま胸を上に向ける

骨盤はからだと一緒に倒れないよう、正面を向けておくこと
手を後ろに持っていくと同時に鎖骨も後ろにいくので、重力にまかせながら肩甲骨を寄せるイメージ

2 胸にストレッチを感じた状態で深呼吸する。左右3回ずつ

胸の拡がりを感じる

背中

背中を丸めながら手を前に伸ばして肩甲骨を開き、お腹をへこませたまま呼吸をする。3回くらい

背中を丸めて行う呼吸です。

普段、猫背や悪い姿勢、長時間の同じ姿勢で固まっている肩甲骨まわりや背中まわりを呼吸をしながら伸ばしていきます。

脇

1

片方の手を交差させ、ひじを遠くに伸ばすようしにして脇を伸ばす。呼吸は胸式呼吸で！

骨盤を手で押さえる
伸ばした部分に息を入れるイメージ
逆側も同じように

呼吸法にかかせない横隔膜を締めたり肋骨を押さえたりするときに、脇がしっかりと伸びないと、十分な効果が得られません。いすを使うと、よりストレッチ効果が出て伸びやすくなります。

2

いすを使ってもOK!

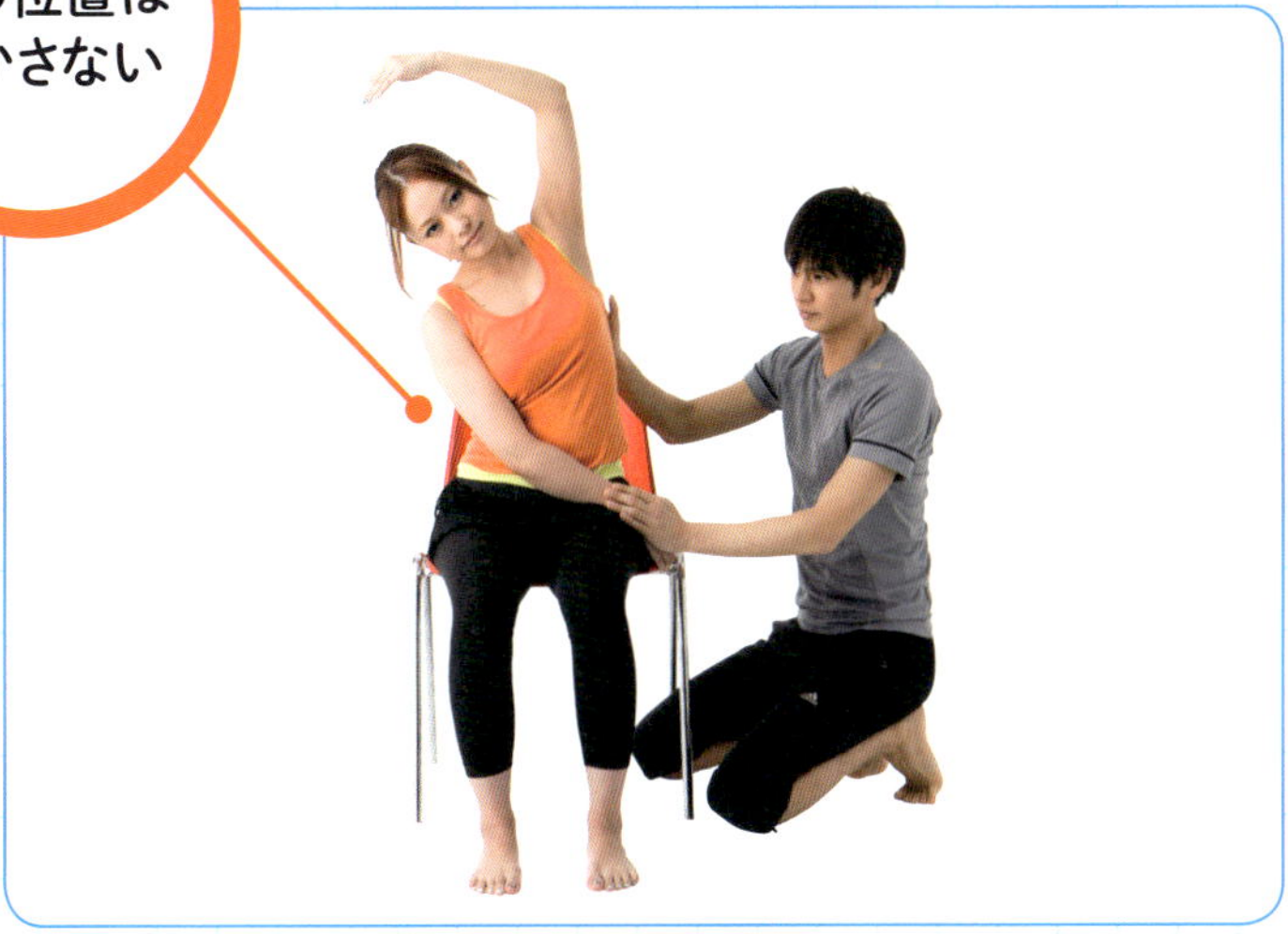
腰の位置は
動かさない

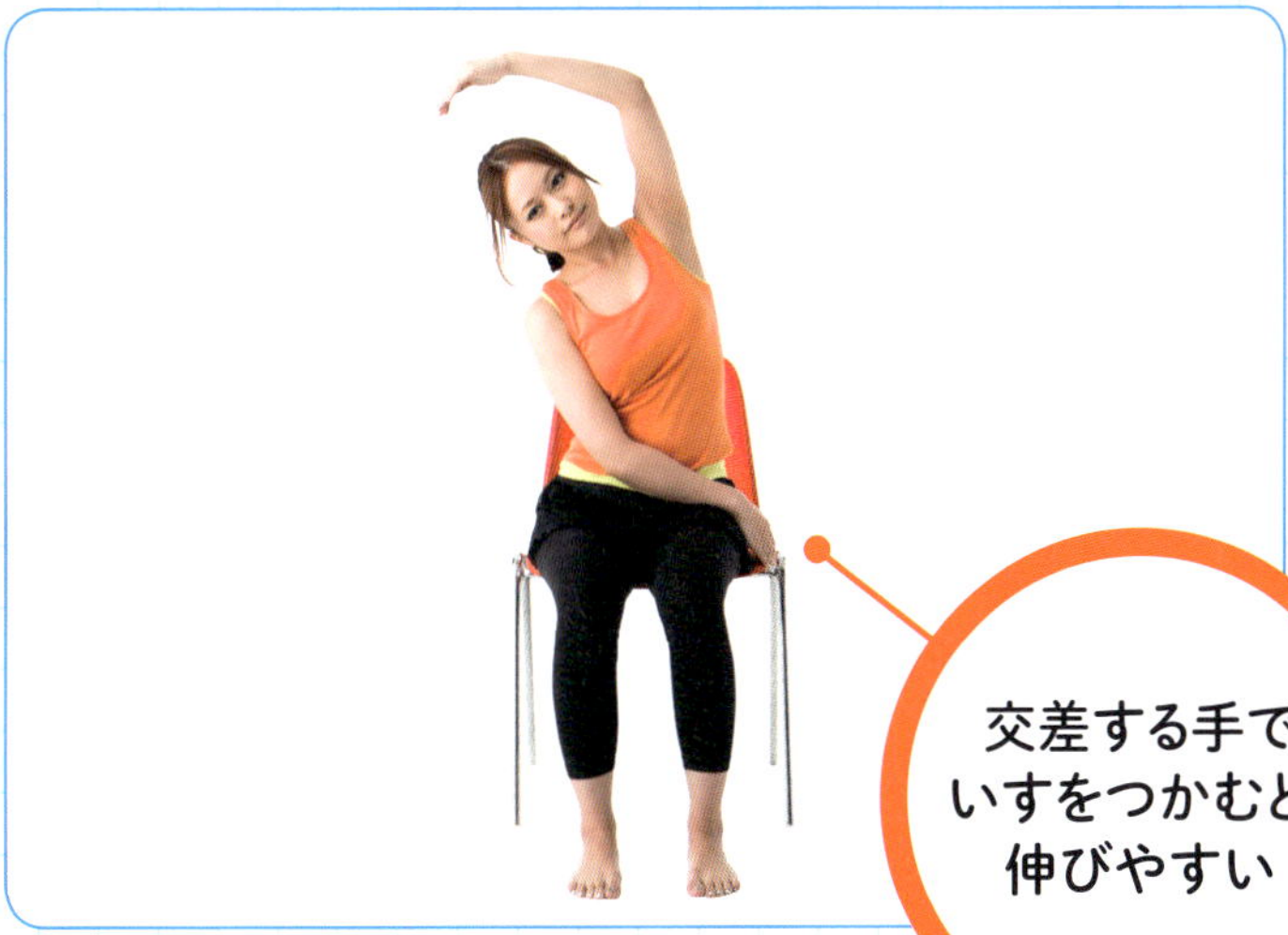
交差する手で
いすをつかむと、
伸びやすい

1

手を逆手にして伸ばす。手を遠くに持っていきながら、親指を内側に入れるようにする

親指を内側にし、
自然に腕を遠くに
伸ばして呼吸する
立っていても、
膝立ちでもOK!

いつも使っている腕は、知らず知らずのうちに凝っています。
遠くまで伸びるよういつもほぐしておきましょう。

2

いすを使ってもOK!

いすを使う
場合は、持ち手を
順手にする

誰かに上から
押さえてもらうと
より伸びる

森メソッドの呼吸法で腹や胸を伸縮する

森メソッドで呼吸法をマスターすると、そのうちに腹式呼吸や胸式呼吸、背中呼吸が簡単に自在にできるようになります。さらに、息を吐いたときと吸ったときの呼吸量もだんだん増えてきます。

これをくり返していると、1回の呼吸時のインナーマッスルの動きがだんだんと増えてきて、アコーディオンのように伸びたときと縮んだときのサイズ差は大きくなります。実際に測ってみると、10センチ近く差がつくこともあるのです。

呼吸エクササイズを毎日続けるとお腹がへこんで、すっきりとしたお腹まわりになります。さらにくびれができたり美脚になるなど、より美しいボディへと変化していきます。

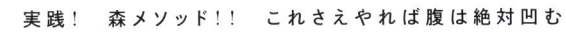

日を追うごとにサイズ差が
大きくなるから、
エクササイズが
楽しみになるはず！

実寸!

マスター!

吸って!

77.5 cm

腹式呼吸を

吐いて!

69.4 cm

実寸!マスター!

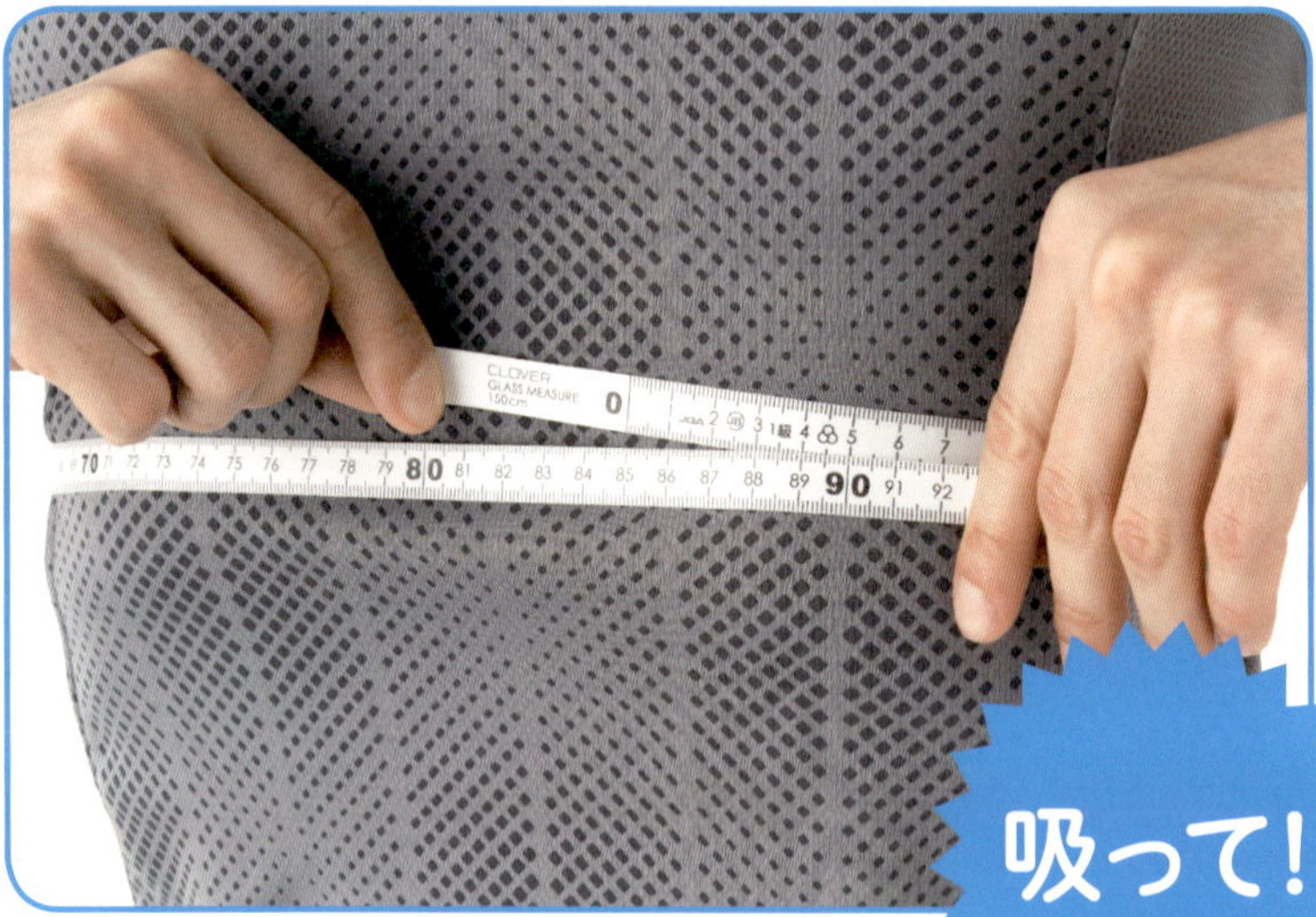

吸って!

85cm

胸式呼吸を

吐いて！

74cm

plus+

さらに奥の手伝授 立ち呼吸がつらいときは寝てみよう

仰向けに寝転がって呼吸をすると、立っているときよりも力が抜きやすく、呼吸筋を使いやすくなります。寝た状態のほうが意識しやすい場合はこの状態から行ってもよいでしょう。

さらに、手と膝を床につけて呼吸するという方法もあります。この方法は、お腹が下を向くため自然に重力に抵抗してお腹をへこませる意識がしやすくなります。

最終的には立った状態で行うのがベストですが、バリエーションとして取り入れてみるとよいでしょう。

仰向け呼吸

仰向けに寝て軽く膝を曲げます。
この姿勢を基本にして、ゆっくりと息を吸ったり吐いたり。
背中が安定しているので、初心者でも呼吸の効果を感じるはずです

1 腹式呼吸は、横になって立っているときと同じ位置に手をおく

できるだけお腹を
ふくらませるように
意識する

2 ゆっくり呼吸

お腹に当てる手で
腹部を締める

＊ 胸式の場合は、
お腹がへこんだ状態をキープして呼吸する

手と膝を床につけて呼吸

手と両膝を床につけて呼吸する方法。
呼吸をすると自然に腹式呼吸になり、
胸式呼吸はお腹をへこませた状態をキープして行います。
この体勢だと重力に対してお腹をへこませるので、内臓が落ちるのがわかり、呼吸の感覚がつかみやすくなります。

1 手と膝をついて息をゆっくり吸う

胸式はお腹をへこませた状態をキープしつつゆっくり吸う

最初のうちは、他の人に下腹部と腰を押さえてもらうと、呼吸がしやすい

2 息を吐きながら背中を丸め、さらにお腹に圧を感じるようにへこませる

hara 凹 diet
column ★ 3

上級編 完全呼吸

腹式も胸式もどちらも行う呼吸法です。少し難しいですが、呼吸筋のコントロールとして、一度チャレンジしてみてはいかがでしょうか？

1 腹式呼吸を行う

完全に息を吐いた状態から、腹式呼吸でお腹をふくらませる

2 胸式呼吸を行う

お腹をふくらませたまま、胸にも呼吸を入れ、背中呼吸のときに入れる鎖骨や背中の部分にも入るように意識する。そこで2〜3秒停止

3 お腹から吐く

胸をふくらませたまま、お腹をへこませながら息を吐く

4 息を吐き切る

胸も元に戻し、吸った息をすべて吐き切る

1〜4を約5回くり返す。

4

めざすは
美バランスボディ

お腹がすっきり凹んだら、
もっと美しいからだを目指しましょう。
重要な部分を占める食生活を中心に、
太らないためのダイエットをご紹介します。

大切なのはバランス、メリハリ、健康美

鏡に映った自分の姿が、「きれい！」「かっこいい！」と思えるようなからだをつくっていきましょう。そのためにも、バランスのよい正しい姿勢と呼吸でインナーマッスルを鍛えてください。

体重を減らしたり、お腹をへこませるだけでなく、もっと美しいスタイルを目指しましょう。成功したら、さらにもっと上のメリハリのあるボディづくりにチャレンジを！

いくらお腹まわりがすっきりしても、全体のイメージが元気で若々しくないといけません。最終的には、引き締まったからだに、ハツラツとした健康美もプラスしましょう。

体重、体脂肪はあてにしすぎない

自分が太ったかどうかを確認する目安として、体重や体脂肪率の数値を基準にしている人は多いと思います。でも体重は、前日の食事量や排便の有無で違ってくるもの。前の日に外食してごちそうをたっぷり食べれば、数値は増えています。逆に節食して食事の内容や量を減らしていれば、数値も減っているのは当然です。

そして体脂肪率ですが、おそらくみなさんが指標とするのは、市販の体脂肪計の数値だと思います。体脂肪計での測定の場合、起床時か就寝前かなど、そのときの身体状況でばらつく場合も少なくありません。

つまり、どちらの数値も、実はあてにならないので、毎日の数値の増減で一喜一憂しても意味がありません。

たとえば、1週間、毎日同じ時間に同じ条件で測定して、その平均で比べるなどすれば、前週との違いが出てくると思います。あるいは、月単位で数値の平均値をとって様子を見ていくのも大切で、誤差が少なくなります。

体重や体脂肪率ともに最低でも3カ月程度かけて、数値の推移を見ていけば、からだの変化がわかるはずです。

体重&体脂肪計量の基本

1 同じ時間に量る

▼

2 同じ場所で量る

▼

3 同じかっこうで量る

▼

4 1週間、あるいは1カ月単位の平均値を出して比較する

▼

5 最低でも3カ月続ける

まずは、1日240kcal減をめざす

ダイエットを急いで一気に体重を落とした場合、体調を壊したり、その後のリバウンドなどの心配があります。できれば1カ月1kgずつ、地道にダウンしていくのがベストです。

体脂肪1kgは7200kcal。これを1カ月で減らすとなると、7200kcal÷30日＝1日当たり240kcalを減らすことになります。ちょうどお茶碗1杯分のご飯のカロリーに相当する数値です。

これを3カ月続けて3kg体重が減ってくると、からだの変化に気づくはずです。見た目はもちろん、からだの調子がよくなったり、腰痛が和らいだりしてくるでしょう。毎月1kgのペースで減らし続けていけば、1年で12kgダウンすることになります。

1カ月1kg（7200kcal）落とす場合、1日約240kcalに相当する食品摂取量

食品名	カロリー	該当量
白飯	235kcal	ごはん茶碗1杯
コンビニのおにぎり（しゃけ）	172kcal	1個
コンビニのおにぎり（チャーハン）	261kcal	1個
菓子パン	300～400kcal	2/3～1個
ビール（500ml）	220kcal	1本
缶コーヒー（190ml）	72kcal	3本
ジュース（500ml）	225kcal	1本
板チョコレート	337kcal	1枚
ポテトチップス（85g）	468kcal	1/2袋
ショートケーキ	300kcal	1個
ファストフードのフライドポテト（S）	250kcal	1個
牛丼（並）	700kcal	1/3～1/2杯

1日約240kcal消費する運動

運動名	男性（68kgの場合）	女性（48kgの場合）
クロール（速い　11メッツ）	20分	30分
ジョギング（時速9.7km程度　10メッツ）	20分	30分
ウォーキング（時速6km程度　5メッツ）	40分	58分
水中ウォーキング（軽く　4メッツ）	50分	72分
普通歩行（時速4km程度　3メッツ）	60分	85分

※メッツは「Metabolic equivalents」の略。
活動や運動時に安静状態の何倍のカロリー消費をしているかを表す数値

美ボディをめざすならば、ＢＭＩ値を知ること

体重や体脂肪率に代わって、肥満の判断材料となるのがＢＭＩ値（肥満指数）です。まずは自分のＢＭＩ値を算出し、標準値を上まわっていたら食事でダイエットをしましょう。

標準値は18・5以上25未満となっていて、標準体重は22前後になります。しかし22では、見た目は健康的なのですが、けっして細くはありません。大抵の女性の場合、モデル体型に憧れて、ベストを17〜18まで下げたいと思うようです。人によっては15くらいを理想とする方もいますが、ＢＭＩ値を単に減らすだけでは、健康を損なってしまうこともあります。

まずは自分がなりたい体型を想像してみてください。その上で、健康的な数値の範囲内で、数値の増減をしていきましょう。

BMI値の求め方

BMI＝

体重(kg)÷(身長(m)×身長(m))

あなたの理想のＢＭＩ値は？

自分のめざすボディが、
どれくらいのＢＭＩ値なのかを知っておきましょう。
健康的なグラマラスボディでしょうか。
あるいはスレンダーなモデル体型でしょうか。

体脂肪率（％）
女
男
高い
30
25
やや高い
25
20
適正
20
15
低い

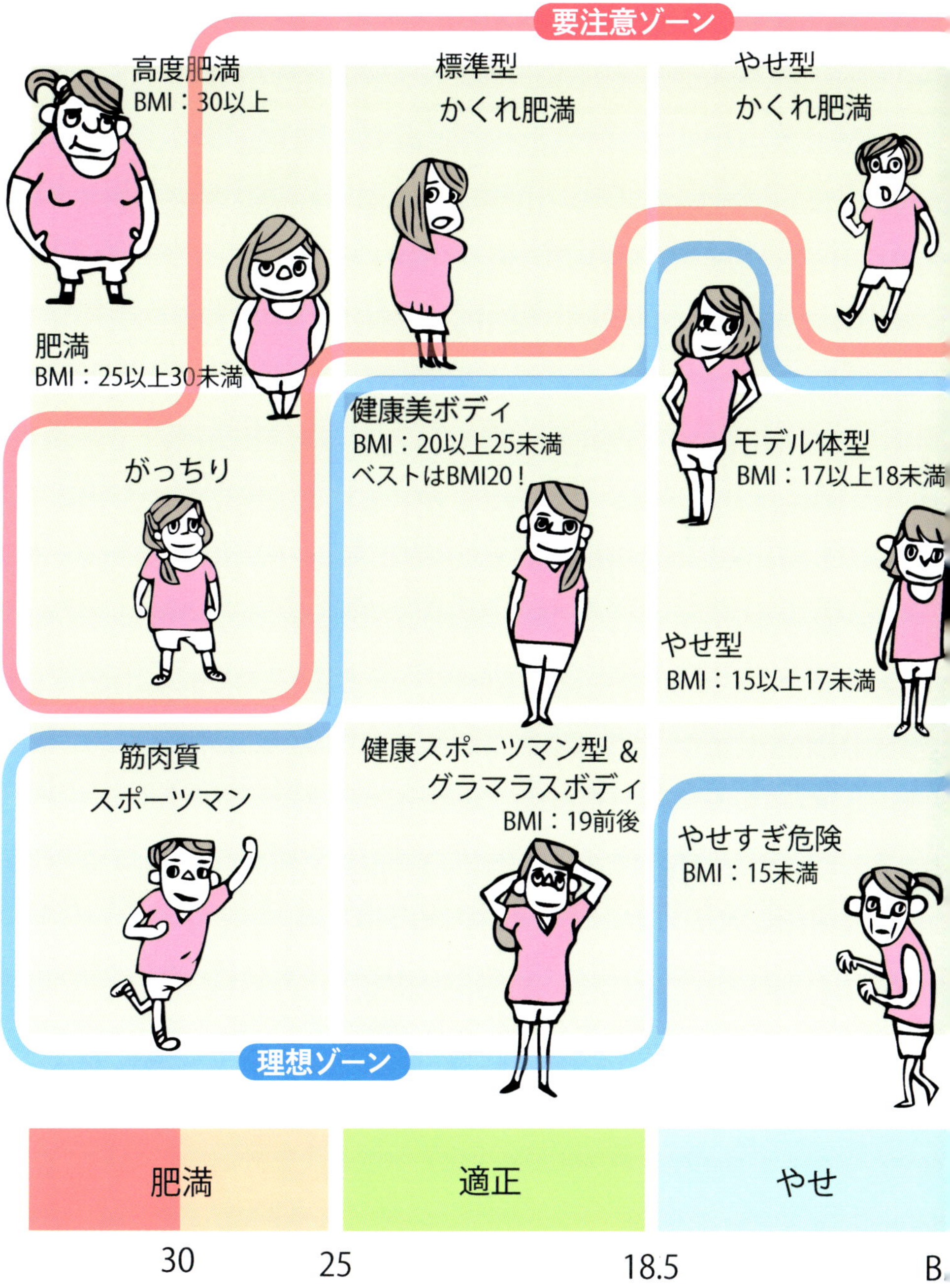
要注意ゾーン
高度肥満
BMI：30以上
標準型
かくれ肥満
やせ型
かくれ肥満
肥満
BMI：25以上30未満
がっちり
健康美ボディ
BMI：20以上25未満
ベストはBMI20！
モデル体型
BMI：17以上18未満
やせ型
BMI：15以上17未満
筋肉質
スポーツマン
健康スポーツマン型 &
グラマラスボディ
BMI：19前後
やせすぎ危険
BMI：15未満
理想ゾーン
肥満
適正
やせ
30
25
18.5
B

太らない食事法が森メソッドのベース！

正しい立ち方と呼吸法で、確実にお腹はへこませられると話してきましたが、これはあくまでもＢＭＩ値（肥満指数）が標準値（18・5以上25未満）以下の人に有効な方法です。もし数値が標準値を上まわっている場合は、先に内臓脂肪を食事改善で落とすことを考えましょう。

内臓脂肪は、体脂肪のなかでもとてもからだにつきやすい脂肪なのですが、逆に皮下脂肪に比べてエネルギーとして使われやすいものなので、まず食事の改善を行えば、効果が出るのが一番早いのです。

食事の改善をしようとして、食べた分を運動で消化しようとしても実はとても非効率です。内臓脂肪を燃やすための焼却炉は筋肉の中にあるミトコンドリアという細胞なので、筋肉の代謝をアップさせると確かに脂肪は燃焼しやすくなります。しかし量をたっぷり食べる人が運動でその分を消費できるかというと、とても無理な話です。

内臓脂肪を減らす上で最も注意したいのは、炭水化物の量と質と順番。ラーメンライスや、甘い飲み物と食事、お酒の後の締めなど、炭水化物＋炭水化物のように炭水化物を重ねてしまうと内臓脂肪は落ちません。またパンや麺類、白米は消化が速く、脂肪になりやすいので、玄米にしたり、野菜を先に食べてから炭水化物を食べるなど工夫をするとよいでしょう。

太りやすい食品

毎日の食事で、できるだけ摂取を
避けたい食品です。
ちょっと我慢することで、
ＢＭＩ値が平均値に
近づいていきます。

精製された食品

白米、白いパン、
うどんやパスタなどの麺、もちなど

フルーツ

バナナ、パイナップル、ぶどう、柿、
パパイヤ、リンゴなど

お菓子、デザート

チョコレート、ケーキ、クッキー、
もち菓子、せんべいなど

お酒

ビール、日本酒、果実酒、
カクテルなど

その他

ジュースなどの清涼飲料水、
ジャムなど

高N/Cレートの食材で、太りにくい食事をいただきます

一般的なダイエット時の摂取カロリーは、仕事の種類で多少前後しますが、男性で一日１８００～２０００ｋｃａｌ、女性ならば１６００～１８００ｋｃａｌが目安。摂取カロリーは内訳が大切で、必ずしも低カロリーだからよいということではありません。体脂肪を燃やし、糖質や脂肪酸をうまく排出する代謝を高める食材をいかに多く摂るかが大事です。

ダイエットで摂取してほしい栄養素は、体脂肪の燃焼やからだの代謝にも大きく関わっているミネラルとビタミン。とくにミネラルではマグネシウムと亜鉛、ビ

タミンではB群とCを多く摂ることが大事です。
食物の総カロリーに対して、ミネラルやビタミンといった栄養素がどれだけ含まれているかの比率を、N／Cレートといいます。食物を選ぶときは、できるだけN／Cレートの高いものを選んでください。食事量が少なくても十分な栄養素が効率的に摂れていれば、太りにくい食事方法ということです。N／Cレートの高い食物は、玄米や緑黄色野菜、海藻、ごまなどの種子類です。
他にビタミンが豊富なきのこ、いも類などもおすすめ。いも類は炭水化物ですが、カリウムや食物繊維などを多く含んでいます。ダイエットに不足しがちなたんぱく質は魚や少量の肉、大豆などから摂ります。
これらの食材をたっぷりと使った食事なら、和食がおすすめです。主菜や副菜、玄米とみそ汁のバランスのよい献立で、腹八分目を心がけましょう。

N/Cレートの比率式

（多く摂取したい栄養素）

N ニュートリション ― ミネラル / ビタミン / ファイトケミカル　など

―――

C カロリー

知っておくと便利な
太りにくい食材

野菜と海藻

野菜を食べることが大切なのは誰でもわかっていますが、とくに大事なのが抗酸化作用のあるファイトケミカルが豊富な緑黄色野菜。にんじん、かぼちゃ、トマト、ピーマンなどの色の濃い野菜を必ず摂りましょう。海藻もN／Cレートが高く、わかめや昆布、ひじきなどは体脂肪を燃やすのに重要なマグネシウムを多く含みます。ビタミン、ミネラル、食物繊維の摂取を基本として、必ず食卓に並べるようにしましょう。

肉・卵

良質なたんぱく質ですが、ダイエット中は避けがちになるのが肉類。しかし、エネルギーを燃やすために必要なビタミンB群が豊富なのが肉類です。消化に負担をかける脂身や鶏肉の皮を避け、赤身や胸肉、ささ身などの脂の少ない部位を選んでください。卵もバランスよく栄養素を含んだ完全食品ですから、毎日の食事に取り入れましょう。

魚

ダイエットで最も摂りたい動物性たんぱく質が魚です。良質なたんぱく質に加えて、ＤＨＡやＥＰＡなどの体脂肪になりにくく良質な油が摂取できます。豊富なミネラルに加えて、糖代謝をよくするタウリンも摂取できます。大型の魚よりも、イワシやサンマ、サバなどの青背の魚がおすすめです。

その他

他にも低カロリーで食物繊維たっぷりのきのこ類。カリウムやビタミンC、ベータカロテン、食物繊維が豊富ないも類も積極的に摂取するようにしましょう。また、ごまやクルミなどの種子類は、マグネシウムやカルシウム、亜鉛、鉄などのミネラルをバランスよく含み、不足しがちな脂質、オメガ3も含んでいます。

豆類

ビタミン、ミネラル、たんぱく質、食物繊維のすべてが摂取できる上に低カロリーと万能選手の豆類は、Ｎ／Ｃレートがとくに高い食物。たんぱく質は植物性の豆類が５０％、魚２５％、肉と卵２５％の割合で摂るのがベストです。納豆や味噌など醗酵しているものがとくにおすすめで、豆腐や枝豆、そら豆などもビタミン、ミネラルが豊富です。

代謝UP&体脂肪燃焼！
の食材でムリなくダイエット

体脂肪率が高いということは、シンプルに考えると摂取カロリーが消費カロリーを上まわっている結果ということになります。こういう場合は、やはり毎日の食事を気をつけるほうが、ダイエットには効率がよいのです。

一般的に「お腹いっぱい食べるから太る＝量を減らせばやせる」と考えがちです。とくに若い女性に多く、ひどい場合は絶食に近い状態を続けている場合もあります。しかし、食べすぎると太るというイメージから、必要な栄養素まで摂らなくなってしまうと、からだへの負担が高まって危険なことになります。ひどい場合は栄養失調や摂食障害に陥ることもあるのです。そうなるとからだばかりか、精神面でも大きなダメージを受けてしまいます。

危険な食事の上にさらにムリな運動をプラスして、体重を落とそうとする人もいます。でも運動によってからだに必要な栄養素が失われてしまうことは、美しいボディを手に入れることとはほど遠く、やせるというよりもやつれた状態になり、実年齢よりも老けて見えかねません。

大切なのは、一度自分の食生活をふり返ってみることです。太る原因となる食品を多く摂取していないかチェックしましょう。たとえば空腹を覚えたときにアメ玉でごまかしたりしていませんか。からだによさそうだからと市販の野菜ジュースを飲んでいませんか。どちらも太る要素となる糖質がたっぷり含まれており、こうした、ちょっとしたひと口の積み重ねが太る原因のひとつになっていることも多いのです。

まずはダイエットで積極的に摂りたい、高N／Cレート（P・84参照）の食材中心の食事スタイルを基本にしましょう。食べるとからだの機能が落ちて太りやすくなる食材ではなく、食べると代謝がアップして体脂肪を燃やしてくれる食材を選ぶようにすることです。

そして短期間で結果を出そうとしないこと。たとえば1年で10kgやせたならばその体重を1年維持し、からだにやせた状態を認識させましょう。そうするとリバウンドすることなく、理想の体型が維持できるのです。

これではお腹は凹まない！

腹筋運動にお腹をへこます効果がないことは、すでにお話ししてきました。

実は、単に効果がないばかりか、からだを痛める心配があるものも、結構あります。

クランチ

脚を台などに直角に置いて、腹部をのぞきこむように上体を丸めて持ち上げます。腹筋上部を鍛える運動ですが、腹部の脂肪が多いと腹部を丸める動作がしづらく、首を痛めやすいなどの弊害が出てきます。

ダメな腹筋運動あれこれ

シットアップ

膝を軽く曲げて足を押さえてもらい、上体を起こすもの。学校の授業や部活でやったという人も多いことでしょう。クランチほどではありませんが、目的が不明確な運動です。腹筋は鍛えられますがお腹をへこませるのとは無関係です。

レッグレイズ

仰向けに寝て上体を固定し、手は床や棒で支えておき、脚を伸ばしたまま真上まで上げ下げします。下腹部の腹筋を鍛えるとされる運動ですが、腰にかなりの負担がかかります。お腹はへこまないばかりか、危険性の高い運動です。

間違ったダイエットをしていませんか？

極端な食事制限

知識がないまま、断食など極端な食事制限を行うことはとても危険。たとえばひとつの食品のみを3食食べ続けるという、「○○だけダイエット」（単品ダイエット）。摂取する食品の栄養価が高くても、単品では全体的な栄養バランスが悪く、そのうち健康に悪影響を与えて、筋肉や基礎代謝を低下させる心配があります。そうなるとリバウンドのリスクは高まり、努力しても結果が出ないという事態を招きかねません。3食のうち1～2食を特定の食品に換える「置き換えダイエット」にも同じようなことがいえます。

ＢＭＩ指数の減らし過ぎ

自分の理想とするスタイルを目指してＢＭＩ値を設定するのはよいことですが、あまりに低い数値になると健康を害し危険。女性の場合、17以下になると月経不順や骨がもろくなるなど、からだにいろいろな悪影響が出てきます。

間違った腹筋運動

やみくもに腹筋運動を行っても、これまでお話してきたようにお腹はへこみません。正しい姿勢と呼吸でインナーマッスルを鍛え、内臓を正しい位置に持ってくること。これで腹筋運動以上の効果が十分期待できます。

筋トレを過信しない

筋トレはホルモン分泌や代謝アップなどのダイエット効果が期待できますが、過信は禁物。食事改善を行った上で、効率のよいトレーニングの継続が大切です。正しい方法ができないと細くなるどころか逆に筋肉がついてしまうことも。

あとがき

〝お腹をへこませる〟というキーワードは、ダイエットの分野で、男女ともに最も気になる部分として挙がってくる言葉です。しかし、わたしから言わせれば、お腹こそ、ダイエットの効果を出すのに一番簡単な部分だと断言できます。

にもかかわらず、「腹筋運動」という、お腹をへこませるためにはまったく不毛な運動をくり返すことこそが、逆に、なかなかお腹がへこまないジレンマを生み出しているのではないかと思ったのが、本書を書くきっかけでした。実際、わたしのトレーニングではいわゆる腹筋運動の指導はありませんが、そうでなくともクライアントたちはきれいなウェストラインを手に入れています。そうなるために何が違うのかというと〝目的に対して何を選択しているか？〟――これに尽きるのです。

シンプルに言えば、ダイエットのことを考えれば食事改善は必ずベースにくるのが当然です。むしろ、食事改善をしてたった1週間であり得ないほどのウェストの変化にびっくりするのは、大抵、いままで有酸素運動などを頑張りすぎていた人たちです。

これまで、自分は「腹筋が弱くて下腹部が出ている」と勘違いして、延々と腹筋運動に汗を流していた人たちは、お腹がへこまないのは自分の姿勢やインナーマッスルの使い方が原因だったと知るだけで、すぐに理想的なウェストを手に入れることができています。このような人たちは、単純に努力の仕方を間違えていただけなのです。

あんなに筋骨隆々としたボディビルダーや運動量豊富な格闘家でさえ、試合前は食事を徹底的にコントロールして減量をします。それだけでも、からだづくりにおいての基礎は食事であることを示しています。あれぐらい完璧なからだを目指さないにしても、お腹をへこませるだけであれば、本当に何の苦労もいりません。そう、それは本書に書いてある通りです。

本書が、皆様が本当のからだづくりについて考えるきっかけになり、そしてより健康的で理想のボディになれることを期待しています！

最後に、本書を書かせていただくにあたってお世話になった、アスコムの皆様、そして普段一緒に仕事をしている仲間たちに心より感謝を申し上げたいと思います。

森拓郎

腹筋運動では お腹は凹みません

呼吸と姿勢だけでみるみる凹む最強メソッド

発行日　2013年11月28日　第1刷

発行日　2016年　3月　3日　第3刷

著者　森 拓郎

デザイン　加藤愛子（オフィスキントン）

写真　高島宏幸

イラスト　ヤギワタル

編集協力　荒川典子（@AT-MARK）

制作協力　神尾美沙、渥美真由美、広瀬良介

校正　中山祐子

編集担当　柿内尚文

編集アシスタント　舘瑞恵

営業担当　菊池えりか

営業　丸山敏生、増尾友裕、熊切絵理、石井耕平、伊藤玲奈、綱脇愛、櫻井恵子、吉村寿美子、田邊曜子、矢橋寛子、大村かおり、高垣真美、高垣知子、柏原由美、菊山清佳、大原桂子、矢部愛、寺内未来子

プロモーション　山田美恵、浦野稚加

編集　小林英史、杉浦博道、栗田亘、片山緑、澤原昇、辺土名悟

編集総務　鵜飼美南子、髙山紗耶子、高橋美幸

メディア開発部　中原昌志、池田剛

講演事業　齋藤和佳、高間裕子

マネジメント　坂下毅

発行人　高橋克佳

発行所　株式会社アスコム

〒105-0002

東京都港区愛宕1-1-11　虎ノ門八東ビル

編集部　TEL：03-5425-6627

営業部　TEL：03-5425-6626　FAX：03-5425-6770

印刷・製本　株式会社廣済堂

Printed in Japan ISBN 978-4-7762-0791-7